AF198620

Stephan de Vogel

Bescherung beim FC St. Pauli...
(Ja, is denn heut schon Weihnachten?)

Neue Gedichte zur Zweitligasaison
2018/2019 des FC St. Pauli

Die vielleicht besten Gedichte der Welt... *
(1. Teil: August bis Dezember 2018)

* zur Zweitligasaison 2018/2019 des FC St. Pauli (bis zum Beweis des Gegenteils...)

1. Auflage Januar 2019

© by Stephan de Vogel
Herstellung und Verlag:
BoD- Books on Demand, Norderstedt
Bildrecht/Foto Seite 83: Christian de Vogel
Bildrecht/Foto Seite 82: Witters GmbH
Bildrecht/Foto auf dem Cover: Pexels
Bildrecht/Foto Seite 81: Stephan de Vogel

Kontaktadresse: StdeVo1@aol.com

ISBN: 978-3-7481-5810-3

Ein kleines Vorwort

Vielleicht liebst du das Millerntor -
ich hoffe, du hast auch Humor:
Da gibt es einen Top-Verein,
für mich der größte, und nicht klein

Du kennst meine
Gedichte nicht?
Das ist nicht schlimm,
entspanne dich

Ich lasse es jetzt
wieder krachen,
und hoffe, du kannst
drüber lachen

Geb deinem Herzen
einen Stoß:
Nimm dieses Buch
und lese los

Für dich, da hebe
ich mein Glas,
und hoffe, du
hast sehr viel Spaß!

Dichterische Einleitung

Hier lass ich mich
schon wieder blicken
und jetzt geht es
nur noch ums Kicken

Ein Buch ohne
Abnehm-Gedichte,
dieses Thema
ist Geschichte
12 Kilo blieben
auf der Strecke,
ich bin ne leichte
Pauli-Zecke

Das Leben ist
ein Marathon,
für Pauli startet
die Saison
Wir werden sehen,
was sie so bringt,
und ob uns diesmal
was gelingt

Ich werd hier noch
ganz viel rumspinnen,
jetzt Leinen los,
lasst uns beginnen

1. Spieltag

HSV : Kiel (0:3)

Bin ich jetzt
echt voll gehässig?
Oder bin ich
einfach lässig?

Mission Wiederaufstieg

Liebe Leute,
schlagt mich nicht!
Für den Ex-Dino
ein Gedicht:

Das war wohl nix
mit voll Attacke,
das war wohl eher
große Kacke

Das erste Heimspiel
gleich verloren
blamiert bis
über beide Ohren
Demut – die fehlt
euch noch immer -
Eure Saison
wird noch viel schlimmer...

Der HSV verlässt das Feld
für den besten Club der Welt:

04.08.2018

Ein Tag vor dem ersten Pauli-Spiel

Morgen geht es wieder los,
und die Hoffnung, die ist groß
Der Start einer neuen Saison
(Das Leben ist ein Marathon)

St. Pauli in der 2. Liga
ist hoffentlich sehr oft der Sieger
Schön wär es, nicht mehr zu vergeigen,
und nächsten Sommer aufzusteigen

Doch leider ist (du meine Güte)
das leben eine Wundertüte
Was wir können, das ist hoffen,
und was wird, ist völlig offen

Jetzt kommen 34 Spiele,
das sind wirklich ganz schön viele
Jedes werden wir nicht gewinnen,
und Sonntag wollen wir beginnen

Ein Auswärtssieg wäre nicht schlecht,
sagt der Poet, da hat er Recht!
Morgen sind wir alle schlauer,
und da wissen wir's genauer

Magdeburg : St. Pauli (1:2)
Oder: Knoll ist toll!!!

Fußball bei über 30° -
so was ist echt hammerhart
Zuerst, da lagen wir zurück -
Doch neue Saison und neues Glück

St. Pauli hat das Spiel gedreht,
wir wissen wieder, wie das geht
Das Freistoßtor vom Neuen (Knoll),
das war wirklich supertoll!

Der Fußballgott hat's gut gemeint:
Tabelle? Nicht mehr unser Feind,
wo ich kaum meinen Augen trau:
Wir stehen *vor* dem HSV!

Das war ein echtes Pauli-Spiel,
davon bekomm ich nie zu viel
Gekämpft, gesiegt, alles gegeben,
damit kann ich wirklich leben

Und Freitag, bei Flutlicht,
da geht es dann weiter
Ein Heimspiel macht die
Schultern breiter
3 Punkte für uns am Millerntor,
das nimmt sich jetzt St. Pauli vor...

2. Spieltag

St. Pauli : Darmstadt (2:0)
Die Saison ist schön / so kann es weitergehn..

Es ist wirklich ein Genuss,
dass ich dies nicht schreiben muss:
Ich hab genuch
vom Heimspielfluch...

Der Leser braucht sich nicht zu stressen,
dafür schreibe ich stattdessen:

Ich fühl mich jetzt
so wie ein Teen,
und hier eine Hommage
(an Queen)

Wir ham gewonnen, mein Freund
Ich trinke jetzt Bier und rauch keinen Joint
Wir haben gewonnen,
ich bin ganz versonnen,
werd mich jetzt ausklinken
und ein paar Bier trinken

Den Rest gibt's dann morgen,
mach dir keine Sorgen
2:0

Die Nr. 1 im Topf sind wir...

Die Nr. 1
Die Nr. 1
Die Nr. 1 der Stadt sind wir
Die Nr. 1 der Stadt sind wir
Die Nr. 1 der Stadt sind wir...

Das Paradies
kam auf die Schnelle,
ein kleiner Blick
auf die Tabelle:

St. Pauli auf dem 1. Platz
(für Träume gibt es keinen Ersatz)
Und dann nur 17 Plätze weiter:
Der HSV, am Fuß der Leiter

Die HSV-Fans packt das Grausen,
denn morgen geht es
nach Sandhausen
Der HSV? Hat nichts gelernt,
und ist von Demut weit entfernt

Gebt mir fürs Dichten
gern die Schuld:
St. Pauli, das ist eben Kult,
und St. Ellingen ist Kommerz
Bei Pauli schlägt das Fußballherz...

Wir spielen in einer anderen Liga...

Immer noch der 2. Spieltag

St. Pauli kann
erst mal verschnaufen,
bisher ist es
sehr gut gelaufen

Noch immer sind wir
ganz weit oben
6 Punkte sind
gar nicht so schlecht
Die Welt aus ihren
Angeln gehoben,
Tabellenführung -
und das zu Recht

3 ½ Stunden
bis Sandhausen -
Der HSV hat noch viel vor,
aber ob *mir* das wohl egal ist?
Wichtig ist das Millerntor!

Ich neige nicht zum Übertreiben,
der Punkteabstand kann so bleiben
Wenn HSV nachher verliert,
dann ist halb Hamburg deprimiert,
desillusioniert, frustriert...

Noch ist das Leben
nicht so mies
St. Pauli ist
im Paradies
Noch spielen wir
in ner anderen Liga,
in der ist nur
St. Pauli Sieger

Noch sind wir hier
Zweitligameister
Der beste Club?
St. Pauli heißt er

Vielleicht ist das
schon anders morgen,
aber das macht mir
keine Sorgen -
Was zählt, das ist
der Augenblick,
und der bedeutet
pures Glück!!!

Erster ist nur einer – St. Pauli und sonst keiner...

Nur ein Spiel ist
noch nicht gespielt -
St. Pauli sich
so glücklich fühlt -
Der Sommer verlor
seine Hitze,
und einsam ist es
an der Spitze

6 Punkte hat
heute nur einer:
Das ist St. Pauli
und sonst keiner
Und gibt es morgen
ein Unentschieden,
dann bin ich echt
extrem zufrieden

Freitag dann DFB-Pokal
(für Pauli meistens eine Qual...)
Bei Unentschieden kommen wir dann
als der Tabellenführer an

Und dann bei Wehen
kann viel geschehen
Nomen est Omen,
auch im Vollspurt
wird ein Sieg
ne schwere Geburt

Out of Pauli:
Köln : Union Berlin (1:1)

Unentschieden

Über uns sind nur
die Sterne
Und unter uns
(in weiter Ferne)
ist irgendjemand
auf Platz 2
Wer?, das ist
mir einerlei

Nicht übers Ziel
hinausgeschossen,
der 2. Spieltag
abgeschlossen

St. Pauli steht
noch auf Platz 1
und alle anderen
sind Karl Heinz

Nur St. Pauli
ist wirklich wichtig,
und unsere Richtung,
die ist richtig!

Immer noch frei

Die Torwartlaufbahn
ist vorbei
Auch, wenn's nicht schön ist:
Ich bin frei
Steh zwar nicht mehr
zwischen den Pfosten,
aber bleibe
auf dem Posten

Keine Erschütterungen
bis ins Mark,
bin wie im Tor,
und ich bin stark
Keiner macht mir
noch was vor
(Eigentlich bin ich
noch im Tor...)

Oft ist die Welt
so wie ein Krieg
und nicht so wie
die Champions League
Ne Welt so wie
die 10. Liga,
doch ich steh aufrecht
und bleib Sieger

Wir sind Pokal

Vor über 12 Jahren, in der Saison 2005/2006, als der FC St. Pauli noch in der 3. Liga spielte ereignete sich die sogenannte *B-Serie*. Wir schlugen mehrere Erstligisten im DFB-Pokal, deren Namen alle mit einem B anfingen. Erst bei den Bayern war dann Schluss. Aber seitdem läuft es für den FC St. Pauli im DFB-Pokal eher *b*-schissen...

Wehen Wiesbaden : FC St. Pauli (3:2)

Ein Reim auf DFB-Pokal?
Beschissen und total egal!
Die Wahrheit, die ist eher schlicht:
St. Pauli kann das einfach nicht

Für Pauli ist das leider derbst:
DFB-Pokal? - Meist nur bis Herbst,
oder es ist im Sommer Schluss,
das ist echt nicht so der Genuss

Bier ist viel besser
als blauer Dunst,
und Verlieren
ist eine Kunst

Und weiter auf der nächsten Seite
(leider gab es eine Pleite)

Noch einmal: DFB-Pokal
ist doch einfach scheißegal!

Die 2. Halbzeit

Biertrinken macht Spaß,
ich hab noch was im Glas
Es steht jetzt 1:1
(Wer weiß jetzt, was du meinst?)

Wir strecken nicht die Waffen,
wir werden es noch schaffen
Bei Sky und in der Konferenz
ist das kein Labsal für die Fans

In Wiesbaden haben wir die Wehen,
und ich hoff, es wird schon gehen
(Und wenn du stirbst, stirb lieber jung;
es geht in die Verlängerung)

Verlängerung muss uns nicht schaden,
wir gehen nicht baden in Wiesbaden
Jetzt alles live, nicht abgelenkt,
oft kommt es anders, als man denkt:

Eine Schwalbe, ein Elfmeter,
und für uns steht es 1:2
Das Glück ist bei St. Pauli leider
nicht immer dabei

Dann 1:3 und aus,
ich glaube, wir sind raus,
aber trotzdem spielen wir gut,
richtig mit Feuer, nicht mit Glut

Scheiß aufs Ergebnis,
wir sind die Besten,
da kann St. Ellingen
noch so pesten

1:3 ist ganz schön bitter,
und weit und breit droht kein Gewitter
Wir pflegen unsre Tradition,
ein frühes Aus, wir kennen das schon

Aber jetzt steht es 2:3,
totale Spannung, und live dabei
Das ist von uns ein geiles Spiel,
nur Glück, das haben wir nicht viel

Geil gekämpft, alles gegeben,
so kann ich mit St. Pauli leben
Doch leider so ein frühes Aus,
wir sind wieder einmal raus

Das Leben ist nicht immer fair,
manchmal geht es halt nicht mehr
Und es kann nur einer siegen
Das heißt: aus dem Pokal zu fliegen

3. Spieltag

Wo sind wir jetzt?

5 Spiele sind jetzt
schon gespielt -
hab mich selten
so gut gefühlt
Wir rutschten abwärts
auf der Leiter
(St. Pauli ist nun
„nur" noch Zweiter)

Morgen bei
Eisern Union,
ein Sieg, das wär
ne Sensation
Dann wären wir
nach 3 Spieltagen
Erster und
noch ungeschlagen

Der Traum kann
gerne weitergehn:
3 Mal der Erste,
das wär schön!
Und Hauptsache
(das wär ne Schau):
Immer *vor* dem HSV

Wir sind hier (1:4)
Union Berlin : FC St. Pauli (4:1)

Sky mag keine St. Pauli-Fans,
ich musste in die Konferenz
Die Übertragung wurd geschmissen,
das Bild war einfach nur beschissen

Ein gutes Spiel, auf Augenhöhe,
etwas, was ich gerne sehe
Leider dann doch nicht mehr...

Die erste Halbzeit voll verkackt,
St. Pauli hinten splitternackt
Schon steht es 2:0 für Berlin,
Abwehrfehler werden nicht verziehen

Die Konferenz ist doch ein Segen,
ich brauch mich nicht so aufzuregen

Das war's mit der Tabellenführung,
ein Durchmarsch ohne „Feindberührung"
Und schon steht es 0:3,
ne halbe Stunde noch dabei,
nicht immer schön die Liga Zwei

Sicherlich, das ist echt hart,
doch trotzdem war's ein guter Start

Spiele gegen Union Berlin
sind eigentlich *immer* nur zum Pien
Und zum Pien, das heißt zum Pissen,
meistens sind sie voll beschissen
Schon 7 Jahre nichts gerissen,
wenn es ging nach Köpenick:
Fußball als ein Missgeschick!

Jetzt sind wir wieder mit dabei,
denn es steht nur noch 1:3
St. Pauli ist wieder zurück,
am seidenen Faden hängt das Glück

Jetzt sind es nur noch 10 Minuten,
und St. Pauli muss sich sputen,
aber noch ist alles drin,
denn Kicken können wir, immerhin

Schade, 1:4 und aus,
und St. Pauli ist jetzt raus
Und trotzdem war's
kein schlechtes Spiel
und Hoffnung machte eher viel

Wir fangen jetzt
nicht an zu spinnen,
wir können nicht
immer gewinnen

Platz 5 heißt das hier jetzt genau
Hauptsache *vor* dem HSV

Vor dem 4. Spieltag / Zwischenstand

Fort ist nun die Sommerhitze,
genau wir die Tabellenspitze
Morgen spielt der HSV,
der aufsteigen will,
na denn man tau...

Pauli ist erst am Sonntag dran,
die Kölner schlagen? - Das sehn wir dann
Wir sind eher der Underdog
und haben voll auf Fußball Bock

Der Herbst schickt gerade seine Grüße,
sitz am PC, hab kalte Füße,
aber bestimmt nicht wegen Köln,
die ja auch aufsteigen wölln

Der Sommer, er kommt bald zurück,
und für St. Pauli auch das Glück
Warum ich zuversichtlich bin?
Für uns ist doch noch alles drin

Wir denken nur von Spiel zu Spiel,
ein Sieg bedeutet immer viel
Nach 34 Spielen dann
sehen wir uns die Tabelle an
Bis dahin ein 3/4-Jahr,
vielleicht wird es ja wunderbar...

Spielabsage

Der HSV spielt heute nicht
Der hässliche Deutsche, er hat ein Gesicht
Ich könnte echt kotzen, wieder und wieder,
wegen der Scheiß-Nazis von AfD und Pegida
Die legen heute Chemnitz lahm,
sind nicht selig, aber geistig arm,
und eine Schande für unser Land,
so dicke Eier und so wenig Verstand

HSV und Pauli sind Lokalrivalen,
wir müssen beide dafür bezahlen
Der HSV wird heut nicht Erster
(das ist vielleicht ja auch ganz gut..),
an ihm kann Pauli morgen vorbeiziehen
und zieht dann fröhlich seinen Hut

Aber Spaß beiseite, die Lage ist ernst,
das Leben ne Pleite, wenn du nichts lernst
Ey, ihr Scheiß-Nazis! Fuck Off und aus!
Was für ein Mensch brüllt denn *Ausländer raus?*
Keiner, mit dem ich reden möchte,
und keiner, den ich gerne habe,
keiner, den ich verstehen möchte,
da versteh ich eher ne Küchenschabe

HSV und St. Pauli ist Rivalität,
die heute vereint gegen Faschismus steht

4. Spieltag

St. Pauli : Köln (3:5)
Oder: Besser gut gespielt und verloren,
als schlecht gespielt und gewonnen...

Dies Gedicht
ist ne Ballade:
Wir haben verloren,
und das ist schade

Wir machen noch
zu viele Fehler,
und deshalb gab
es keine Zähler

Wieder 0 Punkte,
das ist zwar beknackt,
doch die Moral,
die war intakt

Wenn wir trotz Fehlern alles geben,
dann kann ich locker damit leben,
gegen Bessere zu verlieren,
so was kann halt mal passieren

Trotz Niederlage
ein gutes Spiel,
und Gutes gab es
wirklich viel

Die Saison läuft

Es klingt zwar doch
ein wenig schräg, aber...
Wir sind auf dem
richtigen Weg

St. Pauli wurde
wirklich besser
und kann auch wieder
Tore schießen
Läuft auch mal noch
ins offene Messer -
das ist nicht immer
zum Genießen

Doch wir spielen Fußball
ohne Frust,
und das ist wirklich
ein Genuss
Die Spiele sind
nicht mehr ein Krampf
St. Pauli spielt jetzt
viel mit Kampf

All in und nie
ein Unentschieden,
als Fan da bin ich
echt zufrieden...

Glück

Was ist Glück?
Ein Blick zurück?
Ein Blick nach vorn?
Drei Doppelkorn?

Ein Auswärtssieg?
Nie wieder Krieg?
Ein Spiel gewinnen?
Von vorn beginnen?

Das Glück, und das ist echt verflucht,
wird ganz verzweifelt oft gesucht
Und dabei ist es doch schon da,
nicht weit entfernt, sondern ganz nah

Lass dich nicht stressen
und lehn dich zurück,
lebe stattdessen
achtsam (im Glück)

Manchmal fällst du
von der Leiter,
doch das Leben,
das geht weiter

Bleib cool,
verlier nicht deinen Mut,
und fast alles,
das wird gut...

Sommer 2019... oder: Länderspielpause

Wir haben's geschafft,
es ist echt vollbracht,
die Meisterschaft von Liga 2,
wir sind ganz oben mit dabei,
und aufgestiegen
(wir können *doch* siegen)

Es ist Frühmorgens,
kein Sonnenschein,
draußen noch dunkel,
das ist voll gemein
Kein Sommer hier,
wir haben Herbst,
nicht aufgestiegen,
das find ich derbst

Aber der Traum,
der Traum war schön,
einfach dran glauben
und Sonne sehen
Im nächsten Sommer
sehen wir weiter
Wo wir dann stehen?
Ich bleibe heiter

Denn ich bin ein Optimist,
und ich nehm es, wie es ist

Alltagsrassisten
Oder: Das Horst Seehofer-Gedicht

Nicht der größte Baum im Forst,
ja das ist er, unser Horst
Eigentlich ein ganz, ganz Doofer,
wie heißt er noch? Ach ja, Seehofer

Er ist, seien wir mal ehrlich,
in seinem Amt gemeingefährlich
Er ist oft ein angepisster
kleiner Bayer (Innenminister)

Einer, für den ich mich schäme
(*Emigration = Mutter aller Probleme*),
ist jetzt der Vater aller Rassisten,
wohl nicht nur der angepissten

Er ist leider auch Repräsentant
und eine Schande für unser Land
Ich hab Kopfschmerzen, wenn ich ihn seh,
der ist fast so schlimm wie die AfD

Er sieht sich als Fischer am rechten Rand,
das zeugt nicht von viel Verstand
Es geht ihm um die Bayernwahl,
der Rest, der ist ihm scheißegal

Der Horst ist gefährlich und auch gerissen,
und Alltagsrassismus ist einfach beschissen!

5. Spieltag

St. Pauli ist Tabellenführer (immer!)

Es gibt so viele,
die's nicht verstehen,
weil sie nur
die Tabelle sehen

Wer ist auf 1
in der Tabelle?
Wer fühlt sich groß
und macht die Welle?
Wird das vielleicht
St. Pauli sein?
Die Chance ist
leider eher klein

Wir sind der beste
Club der Welt,
und nicht für alles
Geld der Welt
würde ich das
anders sehn

Probier es aus,
du wirst es sehen:
Ich mein es so, hab Wort gehalten,
aber das Geld werd ich behalten...

Nicht mehr dastehen mit leeren Händen
(den Negativtrend mal beenden)

Heute kommt kein leichtes Spiel,
und davon gibt es leider viel
Aber gerade gegen Aue
gab's für Pauli meistens Haue

Von 14 Spielen 2 gewonnen,
das ist echt nicht gerade viel,
jetzt wird die Aufholjagd begonnen,
und 3 Punkte sind das Ziel

Ist klar, wie Toreschießen geht,
und wenn die Abwehr heute steht,
und wir nur wenig Fehler machen,
dann lassen wir es heute krachen

Heut Morgen ist der Himmel blau,
3 Punkte hinterm HSV
Wir werden heut in Aue siegen,
und dann weit nach oben fliegen

3 Spiele noch, dann geht es los,
der HSV wär gerne groß
St. Pauli, das ist abgefahren,
ist Stadtmeister seit 7 Jahren
Wir spielen in einer anderen Liga,
und da gibt es nur einen Sieger... (-;

Aue : St. Pauli (1:3)

Verlieren ist scheiße
Oder: Immer wieder Aua,
gegen Aue gibt's nur Trauer

Dumme Fehler nach wie vor,
auswärts und am Millerntor
Und als Schießbude der Liga
ist man eher selten Sieger

Die Wahrheit, die ist unbequem:
Die Abwehr ist das Hauptproblem
Sicher war auch vieles gut,
doch die Tendenz macht keinen Mut

3 Mal in Folge hoch verloren,
da wird im Sommer auch gefroren
Ratlos lässt einen das Spiel zurück,
zu wenig Können und zu wenig Glück

Die Saison geht in den Keller
So ziehen wir nicht mehr viel vom Teller
Und ein Fan ist echt frustriert,
wenn sein Verein nur noch verliert

Wir sind zwar jetzt noch auf Platz 10,
doch so kann es nicht weitergehen
Das macht keinen Spaß
und ist nicht schön

Englische Woche

Ich will hier jetzt
nicht nur noch fluchen,
und auch nicht mehr
nach Gründen suchen,
aber gerade läuft es nicht,
was nicht so für St. Pauli spricht

Freitag auswärts,
dann Mittwoch zu Hause,
das wird wohl beides
nicht so leicht
Wovor ich mich
wirklich grause,
ist am Ende dann erreicht

Sonntags dann beim HSV,
da seh ich eher schwarz als grau
Wir können keinen Blumentopf gewinnen,
wenn wir nicht langsam mal beginnen,
endlich wieder gut zu spielen,
und viel mehr Tore zu erzielen,
viel mehr Tore als die andern,
damit wir nicht nach unten wandern

Ein Fazit jetzt, mal auf die Schnelle:
Am Ende zählt dann die Tabelle...

6. Spieltag

Ingolstadt : St. Pauli
(12 Stunden vor dem Spiel)

Es ist besser, eine Kerze anzuzünden,
als die Dunkelheit zu verfluchen...

Jetzt wäre ich gern Optimist,
das ist alles ein großer Mist!
Wo holen wir die Punkte her?
Ich glaub, die Jungs können's nicht mehr
(vielleicht bin ich ja auch nicht fair)

Der Tag, der ist noch nicht verdorben,
die Hoffnung ist noch nicht gestorben
In 12 Stunden läuft das Spiel,
und Hoffnung habe ich sehr viel

Mal keine blöden Fehler machen,
dann können wir alle wieder lachen
In 9 Tagen zum HSV
Hamburg braunweiß,
nicht schwarzweißblau,
denn es gibt nur einen Stadtmeister
und fürwahr: St. Pauli heißt er

Die guten Tage können beginnen,
heute Abend werden wir gewinnen!

Ingolstadt : St. Pauli (0:1)
Oder: Schönes Wochenende!

Es geht nicht langsam sondern schneller
immer tiefer in den Keller
Noch schlimmer als vor einem Jahr,
der Untergang ist absehbar

Auf Fussie-Gucken kaum noch Lust,
Pauli-Spiele bringen nur Frust
Die sind scheiße und nicht schön -
Wie soll es nur weitergehen?

OK, *das* war wohl übertrieben
(ich hab's während des Spiels geschrieben)
Ich will nicht sagen: *Wir sind zurück*,
aber wir hatten auch mal Glück

Es ist zwar so ein blödes Wort:
Doch Fußball ist *Ergebnissport*
Will uns nicht in den Himmel loben,
denn da ist *ganz* viel Luft nach oben
Doch was zählt, ist die Tendenz,
und die ist gut für Pauli-Fans

Ein Lächeln ist in meinem Gesicht,
traurig bin ich wirklich nicht,
und ich ringe nicht die Hände:
Es ein gutes Wochenende!

Jetzt bin ich nachtragend... (-;

Ingolstadt : St. Pauli (Nachtrag)

Bei den Schießbuden der Liga
gab es heut nur einen Sieger
Und endlich stand einmal die Null,
nur mit Astra, nicht mit Red Bull

Der 1. Platz ist sehr weit fort,
uns beide eint nun ein Rekord,
einer mit 13 Gegentoren,
immer grandios verloren

Doch wir sind nicht vom Platz geschlichen,
und die Bilanz ist ausgeglichen:
3 Siege und 3 Niederlagen,
da kann ich eigentlich nicht klagen

Langweilig ist es
bei uns nie,
der beste Club
ist St. Pauli!!!

Only one week to go...
Oder: HSV : Jahn Regensburg (0:5)

Geb mir nen Reim
auf Derby-Time

In einer Woche ist High Noon,
und Pauli braucht nicht viel zu tun
Wird das Spiel so wie das heute,
ist HSV ne leichte Beute
Da braucht man nicht zu übertreiben,
und wir können Stadtmeister bleiben

St. Pauli hat jetzt wieder Glück,
und ich glaub, wir sind zurück
Und schlagen wir Mittwoch Paderborn,
sind wir beim Derby ganz weit vorn,
weil was am Donnerstag passiert,
und HSV bei Fürth verliert

Der HSV wird Nerven zeigen
und gegen uns das Spiel vergeigen,
das macht uns glücklich und auch froh
(die Besten sind wir sowieso!)

Es kann nur einen Sieger geben,
und der ist St. Pauli eben
Die anderen Spiele können wir ruhig verlieren,
aber das wird nicht passieren...

7. Spieltag

St. Pauli : Paderborn (2:1)
Oder: Auf dass der Bessere gewinne

Man braucht auch mal Glück,
und wir sind zurück...

Paderborn war wohl viel besser,
doch das ist mir so scheißegal,
wir liefen nicht ins offene Messer,
der Kick war deshalb keine Qual

In Wahrheit sind *wir* ja die besten,
auch wenn wir nicht besser spielen,
denn wir sind nun mal St. Pauli,
die Besten von unendlich vielen

Die englische Woche ist der Hit,
St. Pauli spielt ganz oben mit
Da geht mir echt einer ab,
und das wirklich nicht zu knapp

Am Sonntag dann kommt unsere Krönung:
Für uns 3 Punkte, für die Rothosen die Dröhnung
Stadtmeister...
denn es kann nur einen geben,
und das ist St. Pauli eben
(und darauf gehen wir einen heben...)

Hamburger Vollidioten
Oder: Das hat mit Fußball nichts zu tun...

Es gibt Arschlöcher, die gehören verboten,
auch in Hamburg, die Vollidioten
Die Arschlöcher, die ich hier meine,
sind ein paar „Fans" beider Vereine

Welche Seite ist schlimmer?
Wer weiß *das* schon genau?
Die Bösen von St. Pauli
oder die vom HSV?

Eine kleine Minderheit steht voll auf Gewalt,
ist voller Hass und hofft, dass es morgen knallt
Es gibt St. Ellinger, die mag ich auch nicht
und ihre blöde Dino-Attitüde,
aber ich muss sie nicht hassen -
Hass macht krank und müde

And don't be afraid of the dark...

Ich kenn mich gut mit Kampfsport aus,
deshalb fürchte ich mich nicht
Doch ich hab keinen Bock auf diesen Scheiß -
Geht's noch um Fußball? - Eher nicht!

Steht ihr auf Pauli? Seid ihr HSV-Anhänger?
Egal! *Fuck You!* Das Gedicht wird nicht länger...

8. Spieltag

Derby-Time
Oder: High Voltage (Rock'n'Roll)

So Klassiker gibt es ja viele,
doch heute steigt das Spiel der Spiele
Die Spannung vorher: unermesslich
Der Derby-Hammer: unvergesslich

HSV und Pauli in einer Liga,
2011 waren *wir* der Sieger
Ich kann es hier
als Dichter schreiben:
Wir sind Stadtmeister
und wollen es bleiben!

Der HSV kann gern aufsteigen,
Hauptsache, er wird heut vergeigen
Der Rest, der interessiert einen Scheiß,
Hamburg ist und bleibt braunweiß

Auf dass der Bessere gewinne? -
Was für ein Spruch, ich glaub, ich spinne
Meinetwegen ein dreckiger Sieg,
so dass St. Pauli nicht unterliegt
Das wär ein Traum, und keine Qual,
und alles andere ist egal!!!

90 Minuten vor dem Anpfiff

Dass mich ein Spiel so sehr bewegt…
Ich bin so schrecklich aufgeregt,
und kann die Spannung kaum ertragen
Wie geht es aus? - Ich kann's nicht sagen

HSV : St. Pauli (0:0)
Herzinfarkt...

Sky meinte wohl, das Spiel sei Quark -
Ich fand es unendlich stark
(und stand auch kurz vorm Herzinfarkt)
Und meine Nerven? - Kaum zu entschärfen

Die HSV-Fans wären fast am Zetern
wegen 39 Metern
Ein geiler Schuss, und ich sah ihn,
das „Nicht-Tor-des-Monats" von Sahin

Es war echt ein geiler Fight,
der Schuss kam in der Nachspielzeit
Kein Sieg wegen Pollersbeck,
der nahm uns die 3 Punkte weg,
rettete den Rothosen das Spiel,
ein Punkt für uns ist nicht zu viel

Im Spitzenspiel der 2. Liga
gab es heute keinen Sieger,
nur ein dreckiges Unentschieden,
und ich bin extrem zufrieden

Die Pauli-Spieler waren entzückt,
die HSVer waren geknickt,
ein Traum von ihnen schien zerronnen,
also haben wir doch gewonnen

9. Spieltag

St. Pauli : Sandhausen (3:1)
Glück gehabt, und nicht zu knapp...

Das ging heute fast noch schief,
so was nennt man effektiv
Der Sieg, der war wohl unverdient,
doch das ist mir so scheißegal
Sandhausen war komplett bedient,
für sie war es ne echte Qual

10 Punkte aus zuletzt 4 Spielen
und Pauli war teils wirklich schlecht,
doch wir konnten uns rauswühlen,
der 5. Platz und das zu Recht?
Egal, egal, egal,
ein Sieg – kein Jammertal

1 Punkt nur bis zum HSV,
3 zur Tabellenspitze,
schön war das nicht, nicht so ne Schau,
hab keine Zeit für Witze,
die Tore *waren* Spitze

Kein Tag zum Weinen oder Schreien,
nur ein Tag zum glücklich sein!!!

Vor dem 10. Spieltag

Sorgenfrei im Urlaub

Eigentlich kein Grund zum Maulen:
Ich liege auf der Haut, der faulen
Endlich einmal keinen Stress,
auf Englisch heißt das *Happyness*

Schon eine Woche hier, ich staune,
ich habe fast nur gute Laune
Pauli ist 5. der Tabelle
Ich schwimm im Meer auf einer Welle

Der 10. Spieltag ist in Sicht,
und Sorgen mache ich mir nicht
Ich sitz auf Malle in der Hitze
und träum von der Tabellenspitze

Platz 1, das wäre wunderbar,
der Sonnenbrand ist jetzt schon da

Wunder gibt es immer wieder?

Ein Spiel, das steht heute noch aus:
Pauli in Duisburg, weit weg von zu Haus
Ein Wunder könnte heut geschehn,
das wäre schöner noch als schön

Bei einem Sieg winkt uns Platz 3,
wir wären weit vorne mit dabei
1 Punkt entfernt nur von der Spitze,
und ich auf Malle, bei Sommerhitze

Ich guck heut in ner Fußballkneipe,
und hoffe, es gibt keine Pleite
Auch, wenn der Reim ein wenig hinkt,
ich hoffe, dass der Sieg gelingt

10. Spieltag

Duisburg : St. Pauli (0:1)
Yes!!!

Das war nicht nur Wechselglück,
das war clever und geschickt
Kaucinski wär ein Gott beim Poker,
der Sieg kam wieder durch die Joker

Am Tresen, im *Anpfiff* in Cala Millor,
war's fast so wie am Millerntor
Die Pauli-Fans waren hier zu dritt
und fieberten am Bildschirm mit

Ein kleiner Traum ist wahr geworden,
Sonntag dann, zurück im Norden,
ist das Heimspiel gegen Kiel,
und noch ein Sieg ist unser Ziel

Wir sind jetzt 3. der Tabelle,
und durch das Stadion geht die Welle
Die anderen interessieren einen Scheiß,
Hamburg ist und bleibt braunweiß!!!

Ein Zwischenhoch?

St. Pauli hat jetzt einen Lauf
Ich hoffe, der hört niemals auf!

Im Volkspark ham sie's wieder mal gerissen,
und den Trainer rausgeschmissen -
Wie man bei einem Punkt Unterschied
die Welt doch völlig anders sieht:
Beim HSV ist's eher mies,
und Pauli ist im Paradies

Die armen Fans vom HSV:
Vereinsführung ist eher mau

Begreift es doch endlich, kniet demütig nieder:
Ihr seid jetzt in der 2. Liga
Und da bleibt ihr wohl auch noch länger,
ein Aufsteig, das ist kein Selbstgänger

Die 2. Liga, ein harter Ritt,
vielleicht nehmen wir euch nach oben mit
Dann könnt ihr mit uns aufsteigen
(Wir sind Stadtmeister, und werden's bleiben!)

Genug die Rothosen gequält,
das Thema ist bisher verfehlt

Nur Pauli, Pauli, Pauli,
braunweiß ist unsre Stadt
Und jeder ist heut glücklich,
der Pauli im Herzen hat

Vielleicht *haben* wir ein Zwischenhoch,
aber vielleicht, ganz vielleicht
geht es jetzt
erst richtig los...

Auf der Welle des Glücks

Morgen ist das nächste Spiel,
und da geht es gegen Kiel
Warum Stephan sich glücklich fühlt?
Die anderen haben für uns gespielt

*Was heißt das denn, ey? -
Sag, was du meinst!*
Das ist ganz einfach
Bei einem Sieg winkt Platz 1

Dann gibt es keine
St. Pauli-Witze,
wir sind an der
Tabellenspitze

11. Spieltag

St. Pauli : Kiel (0:1)
Das Ende des Höhenfluges

Wir sind jetzt ganz sicher nicht
das beste Team der Liga,
und deshalb waren wir gegen Kiel
auch heute nicht der Sieger

Für'n 1. Platz
hat's nicht gereicht,
das wäre ja
auch viel zu leicht

Wir haben echt nicht schlecht gespielt,
aber auch nicht richtig gut,
und dabei kein Tor erzielt,
Der Kieler Torwart? - Viel zu gut!

Aber trotzdem, hier und jetzt,
nach genau 11 Spieltagen,
können wir uns mit Platz 5
wirklich nicht beklagen

Der 1. Platz liegt immer noch
nur 2 Punkte entfernt
Was Hoffnung macht, wenn Pauli
aus seinen Fehlern lernt

Eine Saison ohne Sorgen?

Denke ich an das Spiel morgen,
mache ich mir keine Sorgen
Fünf Spiele sind jetzt schon gespielt,
und Pauli sich als Sieger fühlt

Ich fang jetzt echt nicht an zu spinnen,
doch wenn wir auswärts morgen gewinnen,
ist der erste Platz auch drin,
Gewinnen macht morgen also Sinn

Pauli und ich, wir sind entspannt,
der Abstiegskampf ist nicht entbrannt,
trotz Urlaub hält fast mein Gewicht,
knapp minus 11, mehr geht doch nicht

Wir werden nicht die Segel streichen,
wir können beide viel erreichen
Ich bekomm meinen Waschbrettbauch,
und aufsteigen werden wir dann auch...

Und wenn's zum Waschbärbauch nur reicht,
haben wir trotzdem viel erreicht,
wir haben beide gut gespielt
und uns wie die Champs gefühlt

Und ich schiebe keinen Verdruss,
denn abgerechnet wird zum Schluss!

12. Spieltag

Bielefeld : St. Pauli (1:2)
Ein Platz an der Sonne...

Am Anfang war es echt ein Scheiß,
ohne den Videobeweis
Der Schiri machte es uns schwer,
das Gegentor: irregulär

Das Unrecht glich sich später aus,
ein Abseitstor riss uns noch raus

0:1 der Pausenstand,
das ist nicht gut für's Pauli-Land
Pech hat was damit zu tun,
wir hatten Scheiße an den Schuhen

Aber jetzt keine Beschwerden,
denn es kann nur besser werden
Wenn das Team es nicht verpennt,
dann endet heut der Abwärtstrend

Ein Elfer, der bringt uns zurück,
und Knoll, der nutzt den Augenblick,
und Moller-Daehli hat das Spiel noch gedreht
Tabellenführung, wie ihr seht

Ein Platz an der Sonne für eine Nacht,
St. Pauli hat das gut gemacht
Tabellenführung noch bis morgen,
warum macht sich noch jemand Sorgen?

Denn dafür gibt es keinen Grund,
St. Pauli ist spitze, ist der Befund

Morgen spielt Köln beim HSV,
das interessiert doch keine Sau,
dann sind wir 2. oder 3.,
und das ist ganz bestimmt nicht bitter

1/3 der Saison geschafft,
und wir, wir strotzen voller Kraft
Heut werden wir's erst mal genießen,
was wir nach 3/3 begießen

Denn am Ende, da wird es sich zeigen,
ob wir es können, das Aufsteigen
Wir sind nah dran, an unseren Zielen,
und was wir können, ist Fußball spielen

So was hilft uns echt enorm,
vielleicht bleiben wir ja ganz weit vorn
Die Stimmung auf dem Kiez ganz oben,
jetzt können wir uns mal selber loben

Nie mehr 2. Liga...

Ich habe Magie verwendet,
und einfach die Saison beendet
Das heißt, wir brauchen nicht mehr siegen,
denn wir sind direkt aufgestiegen

Die Tabelle, das Hoch im Norden,
Pinneberg ist 1., wir 2. geworden
Köln als 3.: Relegation
Union Berlin 4. (*war's das jetzt schon?*)

Wir haben bei Pauli einen Lauf
und steigen deshalb einfach auf -
Es ist dunkel, es ist Nacht
Schade, ich bin aufgewacht

Vor uns noch 22 Spiele,
ein paar sind's noch, aber auch nicht so viele
Doch steht hinten die Null,
und vorn sind Tore nicht wenig,
ist St. Pauli der Aufstiegskönig

St. Ellingen und Köln -
in der Rückrunde geschlagen
Dann werden wir Zweitligameister -
Ich darf das so sagen
(Und Dichter mit Brille,
die darf man nicht schlagen...)

Vor dem 13. Spieltag

Hochspannung (High Voltage Rock'n'Roll)

Um 13 Uhr live dabei
spielen heut die ersten 3
Der HSV, er spielt in Aue,
ich hoffe, er kriegt reichlich Haue

Dresden spielt in Köln am Rhein,
möge Dresden Sieger sein
Und Heidenheim am Millerntor,
wir werden siegen, seht euch vor

Wenn alles so läuft wie erhofft,
dann ham wir's wieder mal geschofft
Für uns gibt's den Piratenschatz:
St. Pauli auf dem ersten Platz

Und was ich heute gern oft hör,
das ist der *Song 2* von Blur
Und wenn wir hinten keinen rein kriegen,
dann werden wir auch sicher siegen

Köln und HSV? Egal!
Wir sind St. Pauli!
Ihr könnt uns mal...

13. Spieltag

You can't always get what you want...

St. Pauli : Heidenheim (1:1)
Köln : Dresden (8:1)
Aue : HSV (1:3)

Drei Bier waren heut vielleicht zu viel,
für uns war's kein so schönes Spiel
Langweilig ist's bei Pauli nie,
und hier zum Spiel die Melodie

**You can't always get what you want
*(The Rolling Stones)***

You can't always get what you want
You can't always get what you want
You can't always get what you want
but if you try some time, you might find:
You get what you need...

Tja, was soll ich dazu sagen?
Ihr dürft mich das jetzt gerne fragen
Ich als Dichter, ich bin frei,
wir stehen jetzt noch auf Platz 3

Spielen wir mal aus, das Potential,
sind alle anderen egal
Dann gibt's nur einen Zweitligameister,
und es ist klar: St. Pauli heißt er...

Ich mache heut echt keine Welle
beim Blick auf unsere Tabelle,
da bin ich wirklich echt zufrieden,
auch mit einem Unentschieden

Ich bin heute wirklich froh:
Wir können jammern auf höchstem Niveau
Wenn wir die Fehler endlich abstellen,
dann mache ich ganz viele Wellen

Ich hatte heute ganz viel Spaß
(und zu viel Bier in meinem Glas...)
Aber egal, jetzt bin ich hier,
und ich freue mich wie Tier

Der Fußballgott
schlägt uns zum Ritter:
Denn immerhin
sind wir noch Dritter

Wenn wir das Spiel heute ansehn,
ist das vielleicht nicht ganz so schön
Auch, wenn's banal ist, eines weiß ich:
Zum Schluss zählt Spieltag 34

Und noch die Spiele und der Verein,
und Jammern, Zetern und auch Schreien
Und nun krieg hier mal keinen Fön,
Leben und Fußball sind total schön
(erst recht, wenn wir zu Pauli gehn (-;)

Jetzt war ich vom Spiel fast wech,
eines noch: Wir hatten Pech
Eins, Freunde, müsst ihr noch wissen:
Der Schiri war heut echt beschissen!

Ich weiß, ich bin nicht objektiv,
doch wegen ihm ging alles schief
Und nicht nur ich hab es begriffen,
er wurde total ausgepfiffen

Aber das ist jetzt scheißegal,
ein Punktgewinn ist's allemal
Vielen Fans ist's noch nicht klar:
Seit Langem das beste Pauli-Jahr!

Weihnachts(Feier)-Gedicht

Das Leben ist ein Marathon,
fast wie ne Zweitligasaison,
die kommt einem oft so endlos vor-
zumindest hier am Millerntor
Wenn es für Pauli mal nicht läuft,
und endlos sich das Pech anhäuft,
wenn wir Spiel für Spiel verlieren,
und trotz Glühwein tierisch frieren

Doch *dieses* Jahr ist wie ein Wunder,
da biste platt wie eine Flunder:
Wir stehn mit Pauli auf Platz 4,
es schmeckt das gute Astra-Bier
Wir haben noch *so* viel Potential -
spielen wir es aus? Das nicht (egal)
Das Leben ist ein Wunder (täglich),
vielleicht ist ja mal alles möglich...

Und Weihnachten steht vor der Tür,
und darauf stoß ich an mit Bier
Freu mich auf unsre Weihnachtsfeier,
hoff, dass vom Biere ich nicht reier,
aber ich hab ja nicht die Pest,
ist ja nur Bier, drum: Frohes Fest
Ein Frohes Fest, das kann nicht schaden,
drum feiern wir hier, im Fanladen

Und deshalb jetzt, noch einmal schnell:
Merry X-mas, bon Noel
Das Fest ist zwar noch etwas hin,
doch Weihnachtsfeier macht immer Sinn

Ein Bonmot noch, ein kleiner Toast:
Ein Frohes Fest mit Pauli! Prost!!!

Zwischen den Spieltagen:
Pauli-Alltag

Er war kurz vor seinem Ziel,
und es stand sehr viel auf dem Spiel
Ein Winterspiel, und durchgefroren,
St. Pauli hatte fast verloren

Und er stand da in der Kälte,
als er sich einen Sieg vorstellte
Und dachte sich: Lass Bier mal sein,
da hilft ja doch nur ein Glühwein

Am besten noch einer mit Schuss,
dann spür ich auch keinen Verdruss,
falls wir heut wieder vergeigen,
das Spiel, das läuft noch, wird sich zeigen

Und zurück in der Gegengerade,
stand's 1:1, Mensch, ach wie schade
Ich hab den Ausgleich nicht gesehn,
doch Unentschieden, das ist schön

Und ganz spät in der Nachspielzeit,
da stand der Fußballgott bereit
Er kam mal wieder ganz schön spät,
aber das Spiel hat er gedreht -
Mit Glühwein stand da die Gestalt
(Auch Fußballgöttern wird mal kalt...)

14. Spieltag

Jahn Regensburg : St. Pauli (1:1)
Letzte Saison ist echt egal,
wir spielen aus unser Potential

Heute bin ich sehr zufrieden,
ein gerechtes Unentschieden
St. Pauli spielt wie neugeboren -
auswärts wieder nicht verloren

Nach dem 1:1 beim Jahn
kann Pauli froh nach Hause fahren
Glücklich sind wir mit dabei
und stehen wieder auf Platz 3

3 Punkte weg vom Spitzenreiter,
unsre Saison, die geht noch weiter
Wir nutzen unser Potential,
endlich, der Rest ist doch egal

Morgen spielt noch der HSV -
Tabellenführung? Denn man tau

Sollte man ihm die Daumen drücken?
Vielleicht, denn tät der Sieg ihm glücken,
dann wären wir noch immer Dritter,
und das wär ganz gewiss nicht bitter...

HSV : Union Berlin (2:2)
Ein Montagsspiel...

0:1

Nur der HSV...
gönnt uns nicht den 3. Platz
(Was ist das für ein geiler Satz?)
Und er verliert zu Hause,
schläft und macht eine Pause

1:1
2:1

Der Spott, der bleibt jetzt mal im Schrank
Ich sag nur ein Wort: Vielen Dank!
Der HSV, das Spiel gedreht,
auf drittem Platz St. Pauli steht

2:2

Ey, das war nix,
echt mal gar nix,
sie nahmen das Gegentor einfach hin,
und sind zu doof, um zu gewinnen

St. Pauli ist 4. und nicht auf den Knien,
und punktgleich mit Union Berlin

Bei Pauli bleibt der Himmel heiter:
4 Punkte bis zum Spitzenreiter
Das ist ein Hamburger Verein,
zum Schluss, da wird's ein andrer sein

Noch 20 Spiele, wir werden's sehn,
und die Saison ist richtig schön
Bei St. Pauli kann man feiern -
Kein Krisenclub (so wie die Bayern)

Ausverkauft bis auf den letzten Platz - Der ist heute nicht besetzt...

Ich fühl mich heute
so malade,
kann nicht zum Spiel,
und das ist schade

Ich hoff, der Sieg
wird trotzdem glücken
und werd zu Haus
die Daumen drücken

Zum Glück habe
ich ja Sky,
und bin dann trotzdem
live dabei

Gesundheit und
einen Heimsieg
(Ich hoffe, dass ich
beides krieg)

Dann, wenn die erste
Kerze brennt:
Ein Pauli-Wunder
im Advent...

Los Clásicos 2. Liga

Heute mal Pauli ohne Bier,
und es spielen die ersten Vier
Das ist kein Bierkampf,
sondern ein Vierkampf

1. FC Köln : Greuter Fürth
Union Berlin : Darmstadt 98
Ingolstadt : HSV
St. Pauli : Dresden

St. Pauli ist heut sehr zufrieden,
denn gestern gab's zwei Unentschieden
Das heißt, wir sind noch auf Platz 4,
und im Stadion fließt das Bier

Ein Feiertag heut für die Fans,
und ich sehe die Konferenz,
kann leider nicht ins Stadion gehen,
dafür ist das dann ganz schön

Heute Spannung ohne Ende,
St. Pauli ist eine Legende
Wenn wir das Spiel heute gewinnen,
ist immer noch der Aufstieg drin

Und wenn die anderen Drei verlieren
(ich hoffe, das wird auch passieren),
mischen wir weiter oben mit,
und nur St. Pauli ist der Hit!!!

15. Spieltag

1. FC Köln : Greuter Fürth (4:0)
Union Berlin : Darmstadt 98 (3:1)
Ingolstadt : HSV (1:2)
St. Pauli : Dresden (1:1)

Kein Grund zum Klagen

Das ist wirklich Jammerschade,
aber auch keine Ballade
Die anderen haben sich abgesetzt,
aber die Hoffnung stirbt zuletzt

St. Pauli macht mich wirklich froh
Ich will nicht jammern auf hohem Niveau
Es war wieder ein geiles Spiel,
Torchancen gab es auch sehr viel

Heut Abend hebe ich mein Glas,
St. Pauli macht mir wirklich Spaß

Vor einem Jahr noch grottenschlecht,
das hätte sich auch fast gerächt
Aber wir sind *nicht* abgestiegen,
kennen wieder das Gefühl, zu siegen

Am 10.12. ist High Noon,
da haben in Bochum wir zu tun
Nur die können morgen an uns vorbei,
und auswärts spielen wir uns frei!

16. Spieltag

Bochum : St. Pauli (1:3)
oder: Fußballgötter...

Endlose Sekunden
fühlen sich an wie Stunden
Die Spannung unerträglich -
St. Pauli macht das möglich

Die Jungs, sie kämpfen, dass es kracht,
St. Pauli: auswärts eine Macht
Kaucinski, hier seit einem Jahr,
machte St. Pauli wunderbar

Die 3. Liga ist weit fott
und Himmelmann ein Torwart-Gott
Jetzt nehm ich erst mal n Schluck Bier,
wir sind jetzt wieder auf Platz 4

Ein Spitzenspiel, ne Abwehrschlacht,
St. Pauli hat das gut gemacht
St. Pauli: Echt pure Magie
Ich glaub, *so* gut waren wir noch nie

St. Pauli – nicht nur Nazis raus,
wir spielten mit der Eisenfaust,
und schickten Bochum auf die Bretter
St. Pauli? Alles Fußballgötter

Wir sind wach, weil wir nicht pennen,
und wir sind wieder mit im Rennen
Hier läuft es rund und immer runder,
das ist ein kleines Weihnachtswunder...

Als Pauli-Fan nicht mehr gestresst,
das wird ein schönes Weihnachtsfest
Und gestern war schon mal Bescherung
mit optimaler Glücks-Vermehrung

Vor dem 17. Saisonspiel
Der Underdog ist eingeloggt...

Der HSV ist jetzt Herbstmeister
(dabei ist es schon Winter)
Wir kleben weiter zäh wie Kleister
ein paar Punkte dahinter

Weshalb ich jetzt auch grinsen muss,
denn abgerechnet wird zum Schluss

Und nach allen Spieltagen,
da können wir es sagen,
ob wir aufgestiegen sind,
das werden wir dann sehen, mein Kind

Auswärts sind wir spitzenklasse,
bei Heimspielen oft noch eher mau
Und wenn wir *das* dann endlich ändern,
dann stehen wir *vor* dem HSV

Doch davon einmal abgesehen,
was du auch hast im Glas:
Bei Pauli ist's grad richtig schön,
auch Fußball macht hier Spaß

Sind wir auch nur der Underdog,
wir haben oben angedockt
und werden niemals ausgeknockt!

17. Spieltag
St. Pauli : Greuther Fürth (2:0)
Die Hinrunde war ne Gewinn-Runde

Ich klopfe jetzt 3 Mal auf Holz,
auf unsre Jungs bin ich so stolz

Die Hinrunde ist abgeschlossen,
2 Tore haben wir geschossen
Bei uns, da gibt es nix zu Kitten,
und wir sind punktgleich mit dem Dritten

Den vierten Platz haben wir erreicht,
und das war echt erstaunlich leicht

Das Potential wird ausgeschöpft,
Miyaichi hat ein Tor geköpft,
Carstens sein erstes Tor gemacht,
und dabei noch vor Glück gelacht

Was nun die Rückrunde uns bringt,
und was uns da alles gelingt,
das steht heut noch in den Sternen,
in der Zukunft, in den Fernen

Nun, liebe Leser, bald geht's weiter,
wir stehen weit oben auf der Leiter
Ein Heimspiel bis zur Winterpause,
dann gehen wir beglückt nach Hause
Weil das Glück mal an uns denkt,
werden wir zum Fest reichlich beschenkt...

Ein schönes Jahr

Ein schönes Jahr,
für Hamburg läuft es wunderbar
So was war wohl noch niemals da:
HSV und Pauli / ein gutes Jahr
(Sonst ist ja eher fast nur Leiden da...)

Mit HSV ist jetzt genuch,
denn das ist ein Pauli-Buch

Glaubst du denn an den Weihnachtsmann?
Dass er ganz viel erreichen kann?
Nen Wunschzettel hab ich geschrieben,
und dabei ganz doll übertrieben

Im Stadion lang nicht so gut gefühlt,
ein Wunder, wie St. Pauli spielt
Im Wunschzettel nur ein Gebet:
Dass es so auch weitergeht

Wozu es dann am Ende reicht?
Keine Ahnung – Egal vielleicht?
Ich hebe mein halbvolles Glas,
St. Pauli macht grad richtig Spaß

Und das Glas ist nicht halbleer,
sag Fußballherz, was willst du mehr?
So wie ein Sommertag am Meer...

Dreh das Licht runter,
ein wenig Dimmung -
Vielleicht kommst du
in Weihnachtsstimmung...

Ein frohes Fest – so ungestresst...

Stille Nacht (beim FC St. Pauli)

Stille Nacht, heilige Nacht
Wir haben gespielt, dass es kracht
Wir haben es schon wieder gepackt:
Die 3 Punkte sind wieder im Sack
Nun singe Halleluja,
der FC St. Pauli ist da

Stille Nacht, heilige Nacht
Das Millerntor ist eine Pracht
Hier gehen wir immer gerne hin -
auch wenn wir nicht immer gewinnen
St. Pauli ist wunderbar
St. Pauli Halleluja

Stille Nacht, heilige Nacht,
aus einem schönen Traum nicht erwacht
Mit Hells Bells und Zunder,
dies Jahr, das ist ein Wunder:
Wir können gut Fußball spielen -
ein Wunder, eines von vielen

18. Spieltag

St. Pauli : Magdeburg (4:1)
Bescherung...
Ja, ist denn heut schon Weihnachten?

Beim FC St. Pauli war heute Bescherung,
mit viel Glück und viel Glücksvermehrung
Die 1. Halbzeit? Forget it, Schwamm drüber
Die 2. Halbzeit ist mir bei Pauli oft lieber

Der Fußballgott war im Stadion,
machte das Spiel zur Sensation
Wer so schlecht beginnt, und dann nicht verliert,
für den läuft es halt eher wie geschmiert
Ein Glück, dass uns das auch passiert

Manchmal fürchte ich mich sehr,
ein Alptraum, der gehört hierher
Dann fühl ich mich unendlich schwach,
und denke, gleich werde ich wach
Hab die Saison komplett versäumt,
die guten Spiele nur geträumt
In Wahrheit war's ne Kack-Saison
mit Niederlagen als Tradition

Ich kneife mich - Nein, ich bin wach
St. Pauli, Mensch, du machst mich schwach:
Eine Saison mit schönen Träumen,
die möcht ich wirklich *nie* versäumen...

Der Beginn der Winterpause
Oder: Pauli-Fans glücklich und zu Hause

18. Spieltag - abgeschlossen -
Wir haben den Vogel abgeschossen
Überwintern auf Platz 3,
da ist St. Pauli mit dabei

Aber der Reihe nach...

Holstein Kiel : HSV (3:1)

Der HSV kriegt einen zu viel
bei Spielen gegen Holstein Kiel
Zwei Spiele mit 6 Gegentoren,
und beide gingen auch verloren

Der 1. Platz – beim HSV ist man nicht froh,
das ist echt Jammern auf höchstem Niveau...

Aue : Union Berlin (3:0)

Über Union der Wind, der raue,
verloren gegen Wismut Aue

(Wir kommen aus der Tiefe,
wir kommen aus dem Schacht:
Wismut Aue, die neue Fußball-Macht)

Was heißt das in der Konsequenz?
Ein Frohes Fest für Pauli-Fans!

3 Punkte hinterm Spitzenreiter,
2 Punkte hinterm Zweiten
Unser Höhenflug geht weiter,
weil wir immer fighten

Ein Wermutstropfen kommt zuletzt
Mein Lieblingsspieler ist verletzt
Und das ist absoluter Mist:
Henk Veerman hat nen Kreuzbandriss

Er wird fehlen bis Saisonende,
das ist so traurig, ohne Ende!
Zur Heilung wünsch ich ihm ein Wunder:
Komm bald zurück als ein Gesunder!

Und eins darf man nicht übersehn:
Ohne Henk würden wir nicht da stehen,
wo wir jetzt gelandet sind
Er ist ein Fußball-Wunderkind!!!

Alles Gute, komm bald zurück,
und ich wünsche dir viel Glück!!!

Wir überwintern auf Platz 3,
im Aufstiegskampf sind wir dabei
Zum Schluss, da mache ich die Welle,
und zeige hier noch die Tabelle:

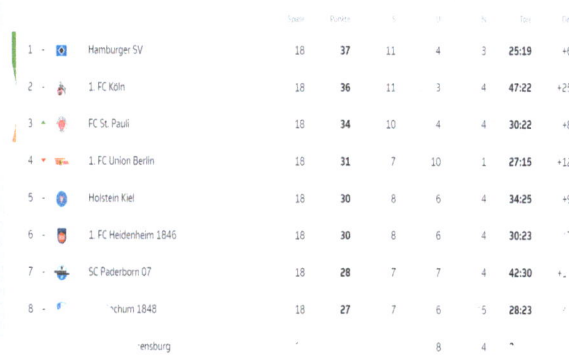

			Spiele	Punkte	S	U	N	Tore	Dif
1	-	Hamburger SV	18	37	11	4	3	25:19	+6
2	-	1. FC Köln	18	36	11	3	4	47:22	+25
3	+	FC St. Pauli	18	34	10	4	4	30:22	+8
4	▼	1. FC Union Berlin	18	31	7	10	1	27:15	+12
5	-	Holstein Kiel	18	30	8	6	4	34:25	+9
6	-	1. FC Heidenheim 1846	18	30	8	6	4	30:23	
7	-	SC Paderborn 07	18	28	7	7	4	42:30	
8	-	chum 1848	18	27	7	6	5	28:23	
		ensburg				8	4		

Die Tabelle macht mir Spaß,
obwohl: da fehlt ein bisschen was
Viele Vereine sind noch gestresst,
und haben kein so Frohes Fest

(Man kann hier zwar nicht alles sehen,
doch die Tabelle, sie ist schön!!!)

Ich neige nicht zum Übertreiben:
so wie es ist, kann's gerne bleiben...

Nachwort

Weihnachten ist fast vorbei,
was für ein Jahr! (Wir waren dabei)
Nicht lang noch bis zum Korkenknallen,
ich hoff, das Buch hat dir gefallen

16 Spiele sind noch offen -
Leben heißt Leiden, Lieben, Hoffen

Ich kann nicht in die Zukunft sehen,
aber die Rückrunde wird schön!
Das ist zumindest mein Gefühl,
und ich hab Hoffnung, ganz, ganz viel

Draußen ist grad ein Regenschauer,
im Sommer sind wir alle schlauer
Der Beste Club auf dieser Welt -
Was er wohl noch alles anstellt?

Wie öde müsste das Leben sein,
gäbe es nicht diesen Verein
Die Liebe zu ihm, sie endet nie
Und dieser Verein ist St. Pauli ☠☠☠

Und niemand zwingt uns in die Knie,
denn wir sind keine Utopie
Wir sind alle St. Pauli-Fans
Voll objektiv mit Kompetenz (-;

Inhaltsverzeichnis

Und jetzt noch etwas Werbung...

Mein erstes Buch mit Fan-Gedichten rund um den FC St. Pauli. (E-Book 4,49 €, Buch 6,90 €)

Das war die Nr. 2, vom Preis her etwas kleiner.
(E-Book 2,49 €, Buch 5 €)

Stephan de Vogel

Eine Chronologie in Worten - Über das Leben und Leiden mit dem FC St. Pauli

Neue Fan-Gedichte

Und das war die Nr. 3 (gebunden 18,99 €). Von diesem Buch gibt es eine überarbeitete Neuauflage im Taschenbuchformat. (E-Book 6,99 €, Buch 9 €)

Angaben zum Autor

Stephan de Vogel, 52 Jahre alt. Ich lebe und arbeite in Hamburg.

Seit über 30 Jahren bin ich Fan des FC St. Pauli und gehe zu den Heimspielen am Millerntor. Seit 2005 habe ich eine Lebenslange Dauerkarte beim FC. Die zu bekommen, war fast so schön wie einen Sechser im Lotto zu erreichen.

Seit mehr als drei Jahrzehnten schreibe ich Fußball-Gedichte, speziell über den besten Verein des Universums..

Außerdem bin ich Mitglied im heiligen FCSP, in der Marathon-Abteilung. 5 Jahre lang war ich kickender Abteilungstorwart der Marathonis. Jetzt bin ich, verletzungsbedingt, „nur" noch Abteilungs-Poet und Freizeitläufer.

Im Millerntor-Stadion halte ich mich vorzugsweise in der Gegengerade auf, und ich versuche, die Spiele des FC St. Pauli von da aus zu genießen (was mir leider nicht immer gelingt...)
Allerdings ist die Hinrunde *dieser* Saison tatsächlich größtenteils ein Genuss.
Und ob meine Gedichte hinsichtlich dieser Saison wirklich die vielleicht besten der Welt sind, bleibt abzuwarten...